W0280829

à Gabrielle et Achille

Merci à Josette Grandazzi, Marie-Dominique de Teneuille, Federica Brivio, Catherine Marquet, Hugues Charreyron et Annick Duboscq

dans la même collection

mon petit centre Pompidou

mon petit Cluny

mon petit Guimet

mon petit Louvre

mon petit Orsay

mon petit Picasso

mon petit Versailles

Conception graphique et mise en pages : Chloé du Colombier
Photogravure : I.G.S.
Impression : Imprimerie Mame

© Adagp, Paris 2008
© 2008 – Réunion des musées nationaux
49, rue Étienne-Marcel
75001 Paris

Marie Sellier

mon petit quai Branly

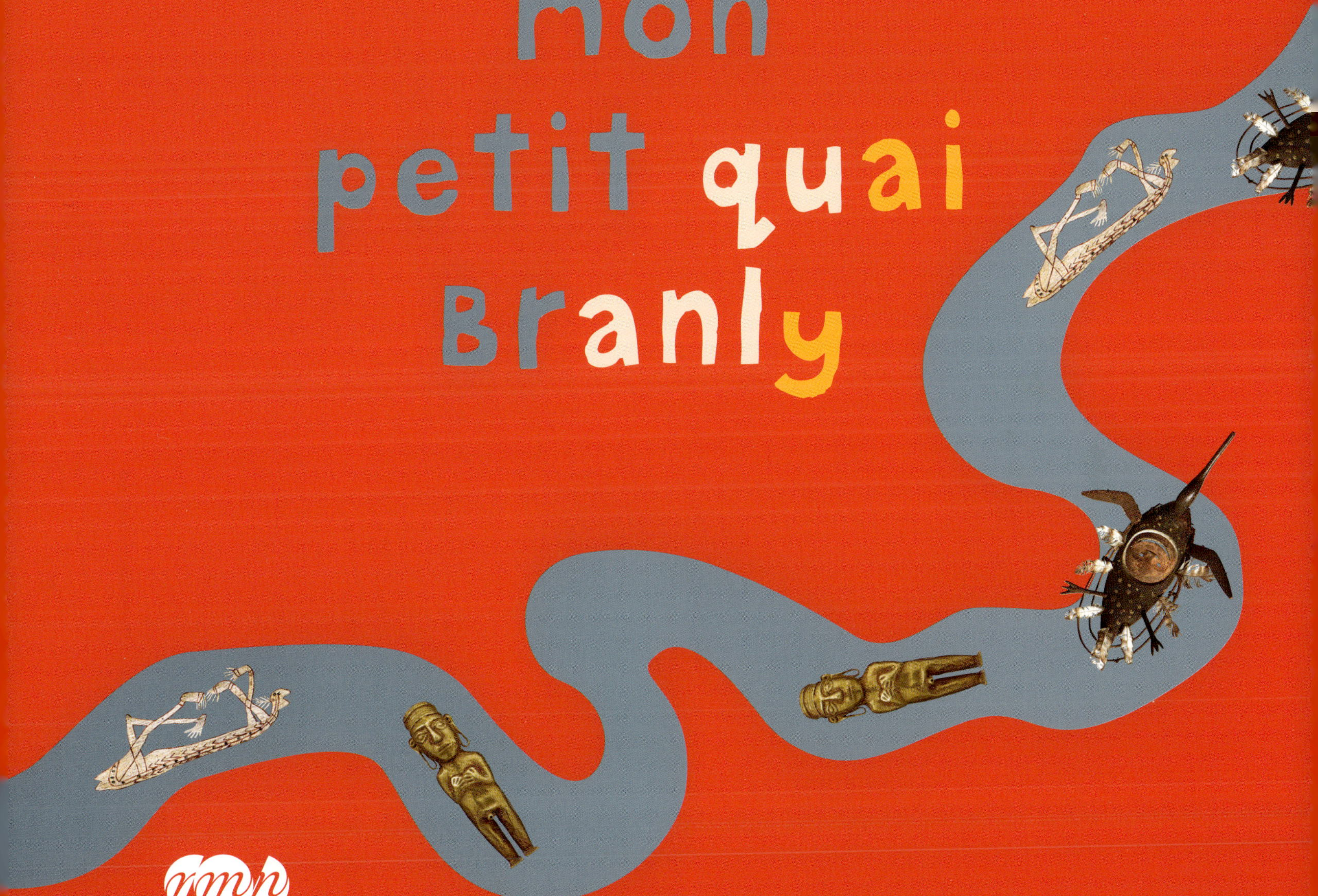

rmn jeunesse

C'est bien plus qu'un musée, c'est un territoire où tous les mondes se croisent. Ici l'Autre est chez lui. Ici l'Ailleurs est partout. Pour accéder au bâtiment rouge et brun de l'architecte Jean Nouvel, il faut se glisser derrière l'immense paroi de verre qui fait face à la Seine et traverser un jardin d'herbes sauvages. Puis on emprunte la longue rampe qui mène au plateau des collections où les trésors de tous les continents

ont trouvé leur place de part
et d'autre d'une rivière sinueuse.
Le grand voyage peut commencer.
D'un univers à l'autre, d'obscures beautés
racontent tous les mystères de la terre.
Le Grand, l'Immense, côtoient
l'infiniment Petit, les puissances
invisibles nous frôlent et nous
envoûtent. On est emporté
très loin, aux origines
de ces mondes
qui ne ressemblent
pas au nôtre.

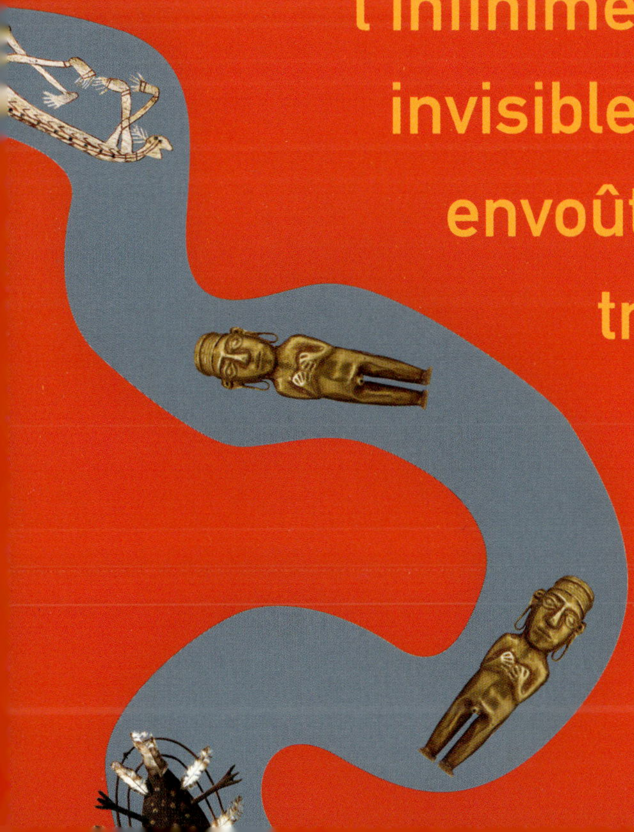

il y a...
un petit bonhomme hanneton

Graine
de lutin, diablotin
ou hanneton aux yeux ronds?
Dis-moi, petit bonhomme des îles Nicobar,
es-tu joyeux ou bien furieux?
Chapeau pointu, turlututu, bouche fendue,
que portes-tu sur le dos?
Une carapace de gros insecte,
une petite maison pour te réfugier?
Dis-moi, petit bonhomme des îles Nicobar,
fais-tu toujours peur aux esprits bagarreurs?

ASIE
Statuette
Inde
(îles Nicobar)
bois

il y a... l'esprit de l'oiseau

Dehors, le vent glacé du Grand Nord souffle et rugit
et, dans la grande maison, Inua danse et dit :
« je suis immortel car je suis l'esprit de l'oiseau à nageoires.
Je peux mourir mille fois, je renaîtrai mille fois,
sous les plumes de l'oiseau
ou dans la peau du phoque,
sous la pelisse de l'ours polaire
ou dans le corps de l'homme.
Car nous tous, oiseaux, phoques, ours et hommes,
nous sommes frères et égaux pour la chasse et la pêche. »
Dans la grande maison, Inua danse.
Et l'oiseau étire son long bec.
Et la lune sourit sur son dos.

AMÉRIQUES

Masque yup'ik (Inuit)

Alaska
début 19e siècle
bois, plumes,
pigments

il y a...
trois Mimi

Trois dames Mimi dansent
sur une écorce d'eucalyptus.
Comme tous les Mimi,
elles ont le buste long,
les jambes souples
et de grandes mains.
Comme tous les Mimi,
elles sont si légères,
si fragiles, que l'on voit
leur colonne vertébrale
et leurs os à travers
leur peau transparente.
Comme tous les Mimi,
elles sont de gentils esprits
qui vivent dans les roches,
au nord de l'Australie.

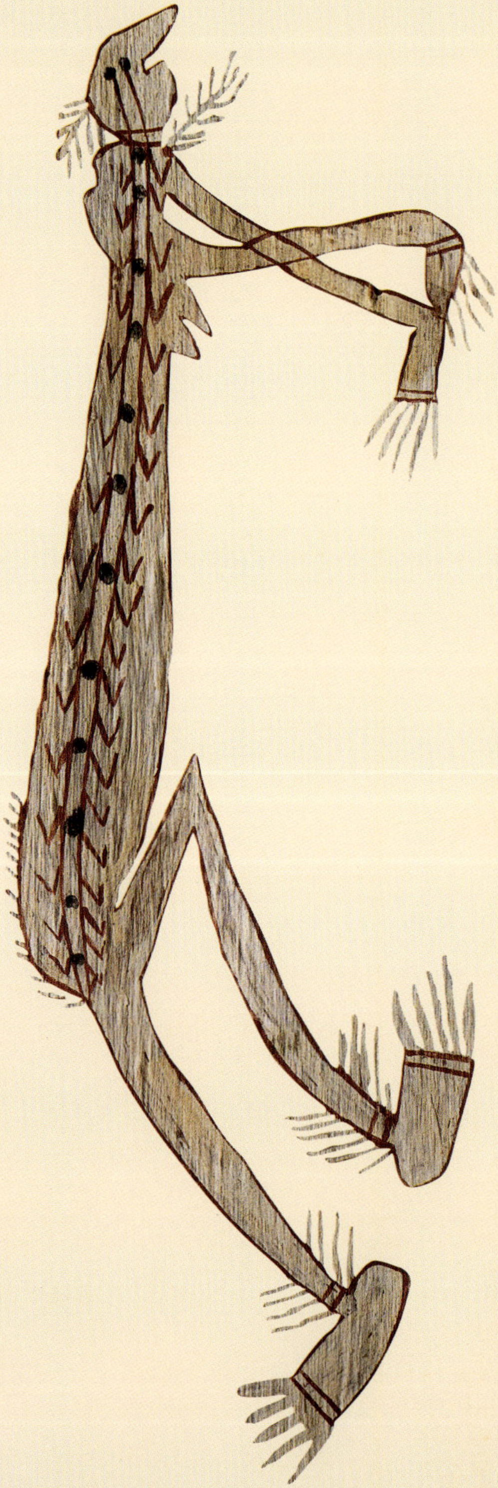

OCÉANIE
Trois femmes Mimi dansant
par l'artiste Irvala
Australie
(Terre d'Arnhem)
1963
écorce d'eucalyptus

il y a... un masque de plumes

Tapis rouge,
tapis vert, tapis de plumes...
Dans la forêt amazonienne, les Indiens tapirapé
tapissent leurs grands masques
de plumes d'ara multicolores.
Dans la maison des hommes, la maison aux oiseaux,
ils font fondre la cire pour coller le duvet coloré
sur le large visage de bois, puis ils entourent
leur créature d'une coiffe de grandes plumes.
L'esprit d'un guerrier vient de renaître,
un ennemi qu'il va falloir combattre, parce que
les hommes tapirapé, dans leur maison aux oiseaux,
croient, bec et ongles, au pouvoir de la guerre.

AMÉRIQUES

Masque tapirapé

Brésil (Amazonie)
20e siècle
plumes, bois, roseau, résine, fibres

il y a... un géant silencieux

De ses deux petites mains,
il tient son ventre fendu, et il se tait.
Les yeux écarquillés, le regard tourbillonnant,
il se souvient de son île lointaine
posée au beau milieu de l'océan Pacifique,
une île où les volcans dorment d'un œil en ronflant à grand bruit.
Il se souvient de la piste de danse et de ses frères tambours
réunis pour les chants et les danses.
En ce temps-là, les coups de maillet sur son flanc droit
faisaient sonner son ventre et la voix des ancêtres
bourdonnait, enflait et s'échappait de sa fente.
En ce temps-là, il chantait sous la protection du volcan.
Maintenant que sa voix s'est tue,
le grand tambour n'est plus qu'un géant silencieux.

OCÉANIE

Tambour à fente

par l'artiste
Tin Mweleun de Bogor
Vanuatu
(île d'Ambrym)
20e siècle
bois

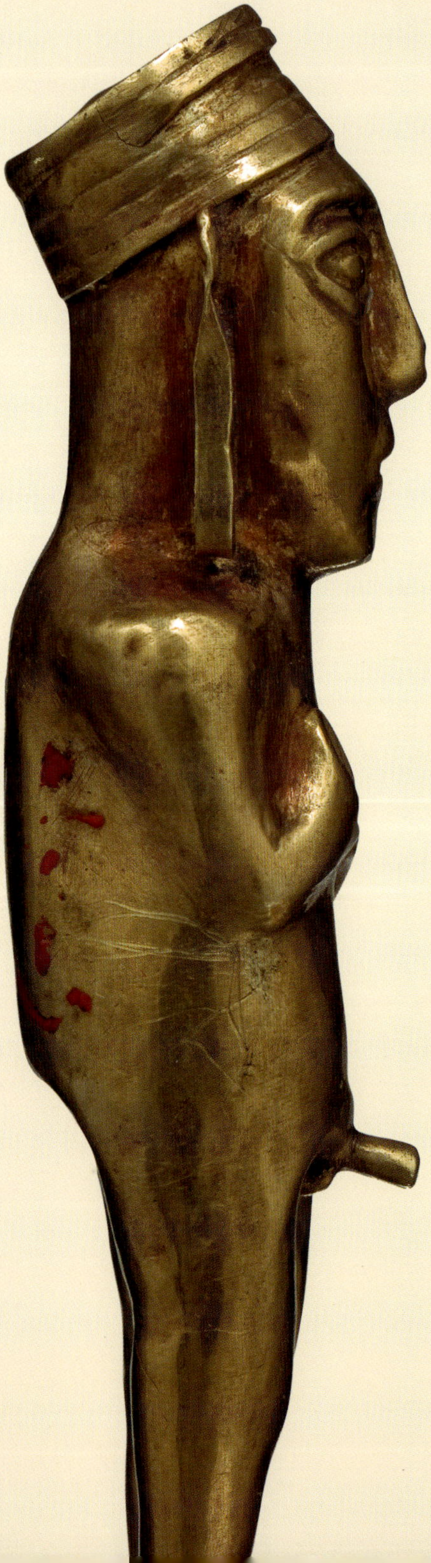

il y a...
un petit homme en or

Tout petit, tout nu, tout en or.
Ce précieux survivant
des puissants Incas du Pérou
tient dans le creux d'une main.
Ses lobes d'oreille largement troués,
selon la mode de son peuple, lui ont valu
son surnom espagnol d'Orejone,
ou « homme aux grandes oreilles ».
Les mains sur la poitrine
et bien droit sur ses jambes,
il regarde devant lui,
avec le calme et le détachement
de ceux qui reviennent de très loin.

AMÉRIQUES

Figurine masculine

Pérou
entre 1450
et 1532
or

il y a... un hippopotame

Un hippopotame, vraiment ?
Drôle d'hippopotame qui ressemble à un tatou,
avec son museau allongé et sa carapace sur le dos !
Mais les tatous sont américains et ce petit animal-là
a été retrouvé en Afrique, au bord du lac Tchad,
où les hippopotames étaient nombreux,
lorsqu'il y a plus de 1000 ans vivait le peuple sao.
C'est dans l'une de leurs tombes, sous un monticule de terre,
qu'on a retrouvé cette figurine de terre cuite.
Jouet pour les enfants ou bien esprit protecteur ?
Aujourd'hui, nul ne le sait.

AFRIQUE

Figurine zoomorphe

Tchad
entre le 9e et le 16e siècle
terre cuite

il y a...
un masque rouge

Étrange visage papou,
petite poire rouge aux grands yeux noirs
et aux bois immenses piqués de grosses graines.
Es-tu un animal cornu ou un homme tourmenté par ses pensées ?
Parfois, moi qui ne suis pas Papou, je me sens comme toi,
la tête transpercée de soucis, de devoirs, de corvées,
la tête remplie de graines qui ne germeront jamais.

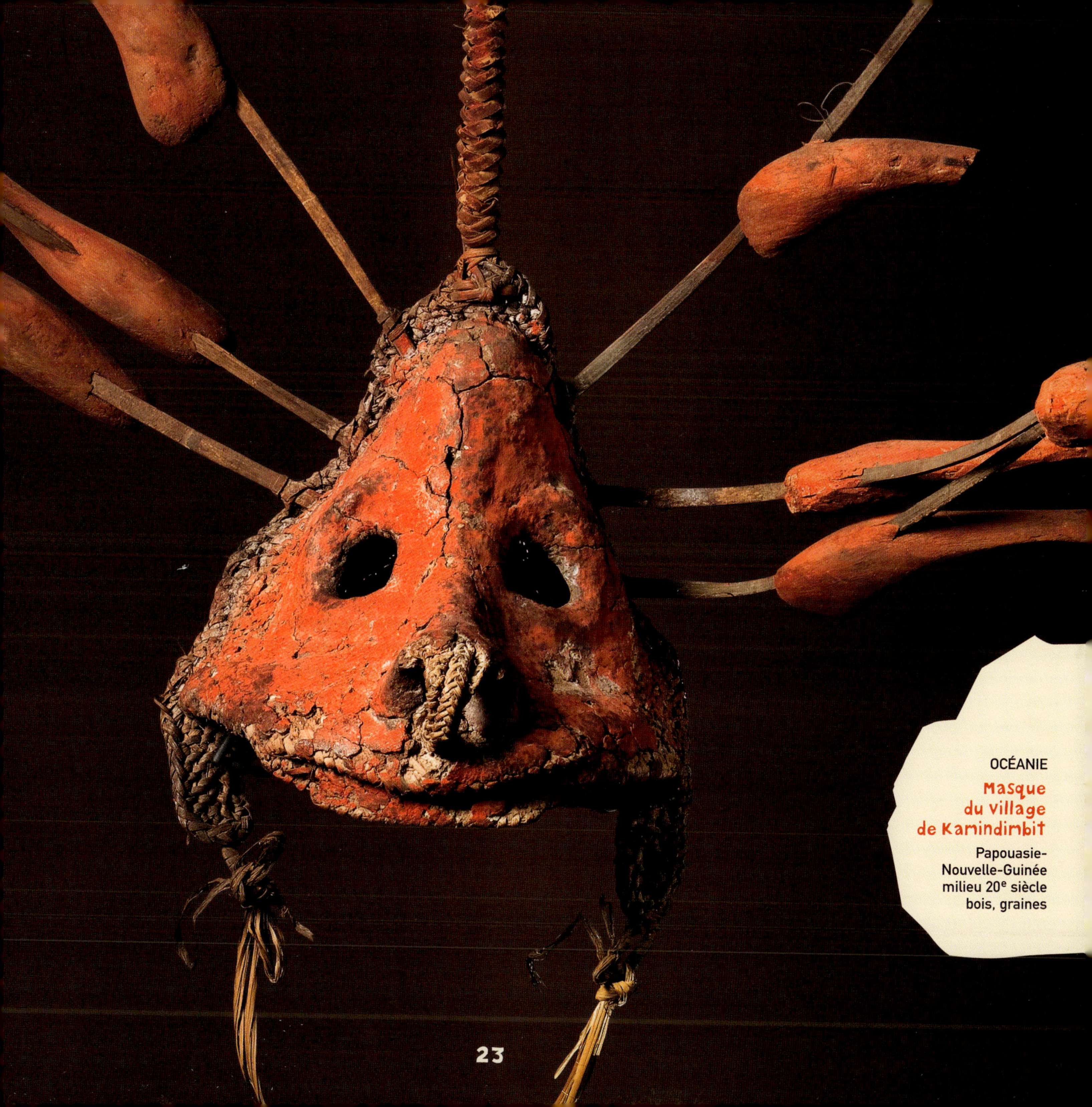

OCÉANIE

Masque du village de Kamindimbit

Papouasie-Nouvelle-Guinée
milieu 20e siècle
bois, graines

il y a... un masque vert

Le démon de la maladie
a le teint vert et les oreilles en pointe.
Le démon de la maladie a le sourire vampire et les yeux tournesol.
Et son danseur, le guérisseur, a vraiment le diable au corps
quand il s'agite et se trémousse devant le lit du malade
pour chasser le mal de son corps.
Il fait sonner les bracelets de ses poignets
et de ses chevilles, tournoyer ses larges jupes,
tandis que les tambours résonnent
bien au-delà du village,
là-bas sur la grande île
de Sri Lanka.

ASIE

Masque d'exorcisme Kattadi

Sri Lanka
19e siècle
bois peint

il y a... un singe magique

On dirait un jouet,
un petit singe joueur de tambour,
mais il ne faut pas se fier
aux apparences.
Sous son casque à plumes, ce macaque
aux pattes attachées est un puissant fétiche nkisi.
Dans le trou dissimulé sous le miroir fêlé de son ventre
se trouve le bilongo
qui lui donne tous ses pouvoirs.
Ce bilongo est un mélange
magique et unique.
Personne ne sait exactement
de quoi il est fait.
D'argile et d'écorces, de racines et d'herbes,
d'os, d'ongles ou de cheveux ?
C'est le secret du fétiche qui guérit les maladies
et protège des esprits méchants.

AFRIQUE

Statuette magique nkisi nkondi

Congo
avant 1892
bois, verre, plumes, fibres végétales

il y a... les cornes de l'antilope

Dans la nuit sèche du Gabon,
les ombres masquées
ont des cornes comme l'antilope.
Les danseurs avancent lentement
en chantant et en frappant le sol de leurs pieds,
d'abord tout doucement puis plus fort, encore plus fort,
et de nouveau doucement, comme une vague qui va, qui vient.
Le sol gronde, les feuilles de bananier voltigent et se déchirent.
Cette nuit-là, chez les Fang, des petits garçons
vont devenir des hommes.

AFRIQUE
Masque gazelle (Fang)
Gabon
19e siècle
bois

il y a... un nez crochu

Son nez en bec de perroquet
est si long, si crochu, sa bouche
a tant de dents que lorsqu'on le voit,
on a envie de rire, alors qu'en vérité
on devrait s'enfuir, terrifié.
Car ce masque a été sculpté
en l'honneur d'un grand chef kanak
que chacun devait respecter et craindre
dans la mort comme dans la vie.
Tous les poils de barbe et les cheveux
des hommes de son clan ont servi
à lui confectionner une barbe ébouriffée
et cet incroyable chignon qui, pour l'éternité,
orne son noble crâne de bois.

OCÉANIE

Masque apouéma (kanak)

Nouvelle-Calédonie
fin du 19e siècle
bois, cheveux,
fibres, plumes

il y a... un ventre creux

Tu es à la fois jeune et très vieux,
petit bonhomme de terre au teint pâle.
Tu es l'enfant éternel
au visage lisse et aux pieds potelés
et le vieillard âgé de plus de quinze siècles.
Du fin fond du Mexique ancien,
tu n'en finis pas de fixer l'éternité
de tes yeux absents,
les mains simplement posées
sur tes jambes repliées
comme si tu étais sur le point de te lever.
Cet homme armé
que tu caches dans ta poitrine creuse,
est-ce le guerrier qui sommeille
en chacun de nous ?

AMÉRIQUES

Figurine creuse

Mexique
(État du Michoacan)
entre 200 et 500
après Jésus-Christ
terre cuite

il y a...
cinq doigts de bonheur

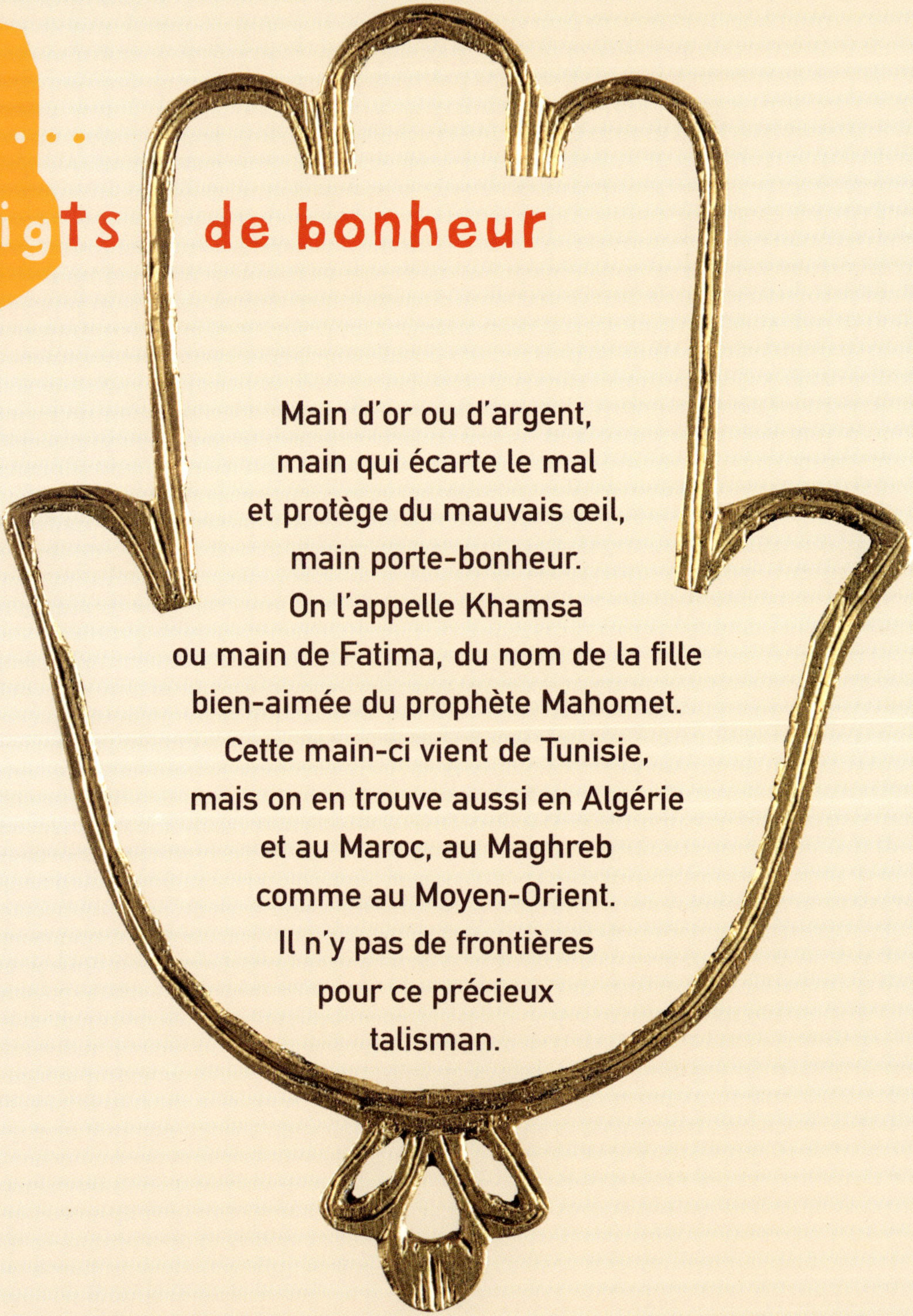

Main d'or ou d'argent,
main qui écarte le mal
et protège du mauvais œil,
main porte-bonheur.
On l'appelle Khamsa
ou main de Fatima, du nom de la fille
bien-aimée du prophète Mahomet.
Cette main-ci vient de Tunisie,
mais on en trouve aussi en Algérie
et au Maroc, au Maghreb
comme au Moyen-Orient.
Il n'y a pas de frontières
pour ce précieux
talisman.

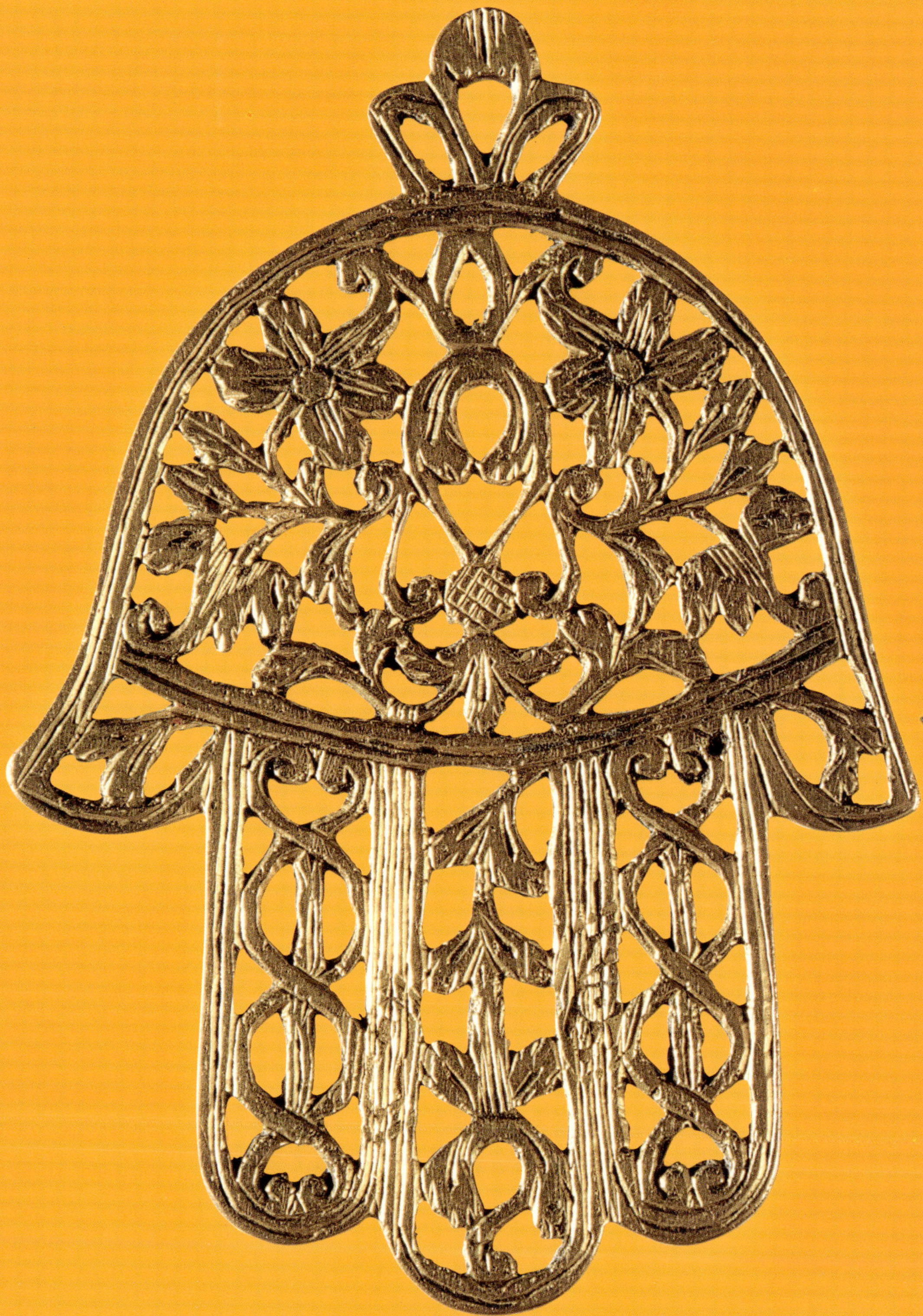

AFRIQUE

Pendentif

Tunisie
début 19e siècle
or

il y a... un homme serpent

Peut-on imaginer, à le voir si petit,
que cet homme serpent mesure
presque quatre mètres de haut ?
En vrai, il jaillit devant nous
comme un épouvantail, avec son corps
en zigzag, ses mains à sept doigts,
son os dans le nez et son sourire inquiétant.
Autrefois il faisait peur.
Malheur aux femmes qui l'apercevaient !
Car il appartenait à une société secrète
qui existe encore sur l'île de Nouvelle-Bretagne,
en Papouasie-Nouvelle-Guinée,
où seuls les hommes sont acceptés.

OCÉANIE

Sculpture iniet

Papouasie-Nouvelle-Guinée
(Nouvelle-Bretagne)
19e siècle
bois, plumes, fibres,
écaille, os, pigments

il y a...
la première femme

Telle que vous me voyez,
femme carrée aux bras levés,
je m'appelle Yasigine.
C'est mon nom au pays dogon.
Telle que vous me voyez,
je suis debout, bien campée sur le masque
d'un animal aux petites oreilles dressées
et à la tête auréolée de fibres tressées.
Telle que vous me voyez,
avec mon visage si peu dessiné,
je suis la première femme,
celle qu'on nomme aussi
Sœur des Masques.
Car c'est moi, oui moi, telle que vous me voyez,
qui ai introduit les masques chez les hommes
pour que leur énergie continue de rayonner
longtemps après leur mort.

AFRIQUE
Masque satimbé (Dogon)
Mali
avant 1931
bois, fibres

il y a... un masque planche

Parfois, les esprits des ancêtres
trouvent le repos auprès des animaux.
Chez les Bwa du Burkina Faso,
les immenses masques planches
représentent ces esprits transformés
en animaux de la brousse.
Lors des fêtes, ils envahissent le village
et se lancent dans une danse endiablée
pour honorer les morts,
faire venir la pluie
et obtenir de belles
et bonnes récoltes.

AFRIQUE

Masque sumbo (Bwa)

Burkina Faso
19e siècle
bois et fibres

il y a... un buffle à carreaux

Buffle à carreaux,
je jouerais bien
aux échecs ou aux dames
sur ton grand damier noir et blanc.
Mais j'éviterais le carré noir du milieu
où les deux trous ronds de tes yeux
me fixent en silence.

AFRIQUE

Masque bedu (Nafana)

Côte d'Ivoire
bois, pigment

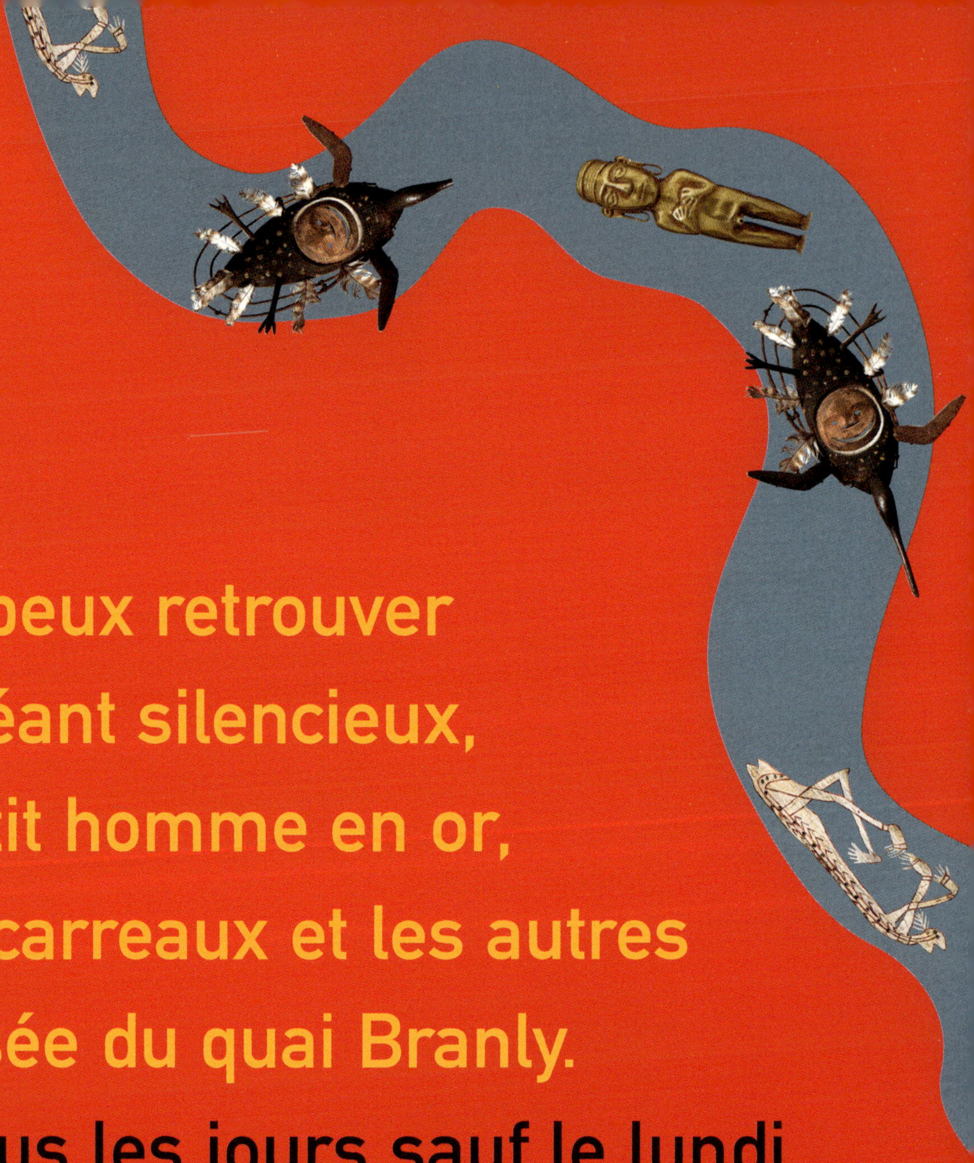

Tu peux retrouver
le géant silencieux,
le petit homme en or,
le buffle à carreaux et les autres
au musée du quai Branly.
**Il est ouvert tous les jours sauf le lundi,
et pour toi, c'est gratuit.**

www.quaibranly.fr

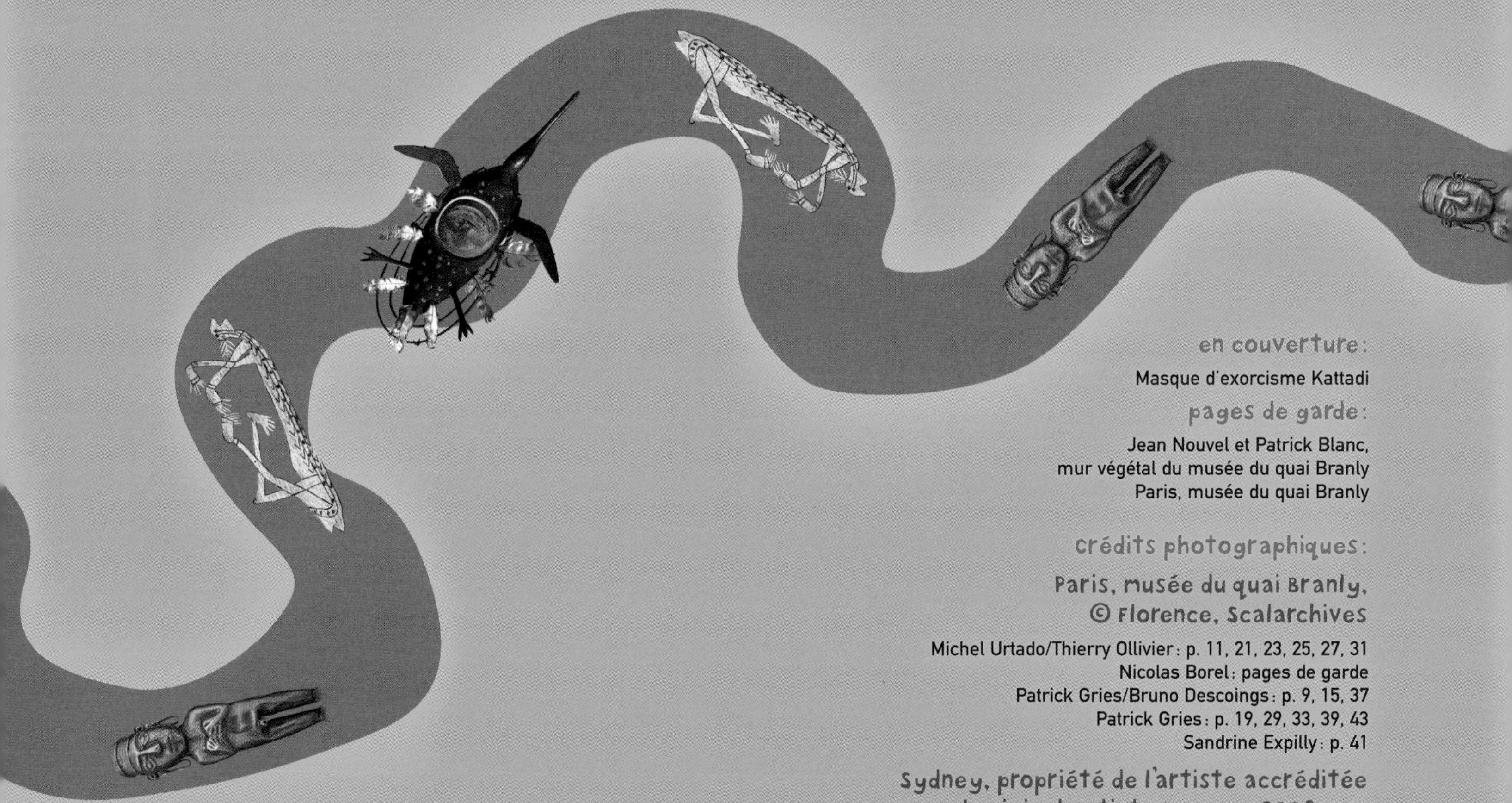

en couverture :

Masque d'exorcisme Kattadi

pages de garde :

Jean Nouvel et Patrick Blanc,
mur végétal du musée du quai Branly
Paris, musée du quai Branly

crédits photographiques :

Paris, musée du quai Branly,
© Florence, Scalarchives

Michel Urtado/Thierry Ollivier : p. 11, 21, 23, 25, 27, 31
Nicolas Borel : pages de garde
Patrick Gries/Bruno Descoings : p. 9, 15, 37
Patrick Gries : p. 19, 29, 33, 39, 43
Sandrine Expilly : p. 41

Sydney, propriété de l'artiste accréditée
par Arboriginal Artists Agency, 2008 : p. 13

Paris, Réunion des musées nationaux

© Mweleun de Bogor et centre culturel
du Vanuatu, Daniel Arnaudet : p. 17
Joël Cuenot : p. 35

Dépôt légal : mars 2009
ISBN 978-2-7118-5381-6
JC 70 5381